Keto Ch

Einfach zu machende, Low-Budget Keto Chaffle-Rezepte für Ihre Freunde und Familie

Sophie Ross

INHALTSVERZEICHNIS

EINLEITUNG

Chaffles sind eine Innovation in der Welt der Lebensmittel und eine tolle Alternative zu den traditionellen Chocolate Chip Cookies.

Chaffles werden aus einem Keksteig hergestellt, der zuerst gebacken und dann in Quadrate geschnitten wird, weil sie so dünn und knusprig aufbacken. Sie können diesen bereits gebackenen Teig auch verwenden, um Brownies oder Riegel zu machen, die an Ihre Ernährungsbedürfnisse angepasst werden können. Bei den meisten Chaffles-Rezepten gibt es auch vegane Optionen, ohne dass Sie auf Geschmack verzichten müssen! Es besteht keine Notwendigkeit für Eier oder Milch.

Die Chaffles wurden von Sara Kate Gillingham-Ryan und Angela Liddon vom Blog "Oh She Glows" kreiert. Ihr Rezept wurde aus dem veganen Kochbuch "Oh She Glows Every Day" adaptiert.

Sie haben erklärt, dass ihre ursprüngliche Idee von einem Schoko-Chip-Cookie-Riegel inspiriert wurde, den sie auf einer Reise in Los Angeles probiert haben. Nachdem sie eine gesündere Version dieser Riegel kreiert hatten, beschlossen sie, den Teig zu zerschneiden und zu Keksen zu backen. Das Ergebnis war so lecker, dass sie sie in "Chaffles" umbenannten.

Chaffles bestehen aus ein paar einfachen Zutaten, wobei fünf Zutaten in den meisten Rezepten die durchschnittliche Anzahl sind. Diese sind Kokosnussöl, Ahornsirup oder Honig, gemahlene Leinsamen, Apfelmus und Mehl. Mit diesen Zutaten und etwas eigener Kreativität können Sie im Handumdrehen etwas Leckeres aufbacken!

Das Beste an Chaffles ist, dass sie einfach und schnell zu machen sind. Das liegt daran, dass Sie den Ofen nicht vorheizen müssen, und sie sind in nur wenigen Minuten fertig! Mit all diesen zusätzlichen Minuten können Sie andere Dinge tun, wie z. B. Ihre Küche putzen oder sogar Yoga praktizieren, wie Kate und Angela in ihrem Blog vorschlagen.

Chaffles haben auch eine tolle Textur; sie sind außen knusprig, aber innen weich und kuchenartig. Sie haben auch einen komplexen Geschmack, im Gegensatz zu normalen Chocolate Chip Cookies.

Chaffles können zu jeder Zeit des Tages gegessen werden und haben viele verschiedene Verwendungsmöglichkeiten. Sie können zum Beispiel pur oder mit etwas Butter darauf gegessen werden, oder sie können sogar zur Herstellung von Trüffeln verwendet werden!

Im Gegensatz zu anderen Keksrezepten sind Chaffles wegen ihres geringen Zuckergehalts viel besser für Sie. Dieses Rezept macht 12 Kekse und hat nur 1 Esslöffel Ahornsirup und ¼ Tasse Apfelmus! Das ist nicht nur gesünder für Sie, es ist auch cholesterinfrei! Chaffles sind außerdem von Natur aus vegan, daher werden in diesem Rezept keine Eier oder Milch benötigt.

Nun, mit all diesen Vorteilen, versuchen Sie, sich vorzustellen, Häcksel Rezepte, die die ketogene Diät folgt!

Obwohl sie keinen Zucker benötigen, sind Chaffles eher wie traditionelle Chocolate-Chip-Cookies, dass sie als Dessert gegessen werden können. Dies liegt an ihrem hohen Fettgehalt. Aus diesem Grund sollten Chaffles in Maßen gegessen werden, wenn Sie die Keto-Diät befolgen möchten. Wenn Sie sich jedoch kohlenhydratarm ernähren, dann können Sie so viele Chaffles essen, wie Sie wollen!

Ein typisches Keto-Schoko-Chip-Keks-Rezept hat weniger Fett und mehr Eiweiß als ein Chaffle-Rezept. Das liegt daran, dass die Keto-Diät den Standard-"Makros" von 20 g Fett, 35 g Protein und 50 g Kohlenhydraten pro Tag folgt.

FRÜHSTÜCK CHAFFLE REZEPTE

1. Heiße Schokolade Frühstück Chaffle

Zubereitungszeit: 15 Minuten

Kochzeit: 14 Minuten

Portionen: 2

Zutaten:

- 1 Ei, verquirlt
- 2 Esslöffel Mandelmehl
- 1 Esslöffel ungesüßtes Kakaopulver
- 2 Esslöffel Frischkäse, erweicht
- ¼ Tasse fein geriebener Monterey Jack-Käse
- 2 Esslöffel zuckerfreier Ahornsirup

- 1 Teelöffel Vanilleextrakt

Wegbeschreibung:

1. Heizen Sie das Waffeleisen vor.
2. Mischen Sie alle Zutaten in einer mittelgroßen Schüssel.
3. Öffnen Sie das Eisen, fetten Sie es leicht mit Kochspray ein und geben Sie die Hälfte der Mischung hinein.
4. Schließen Sie das Bügeleisen und kochen Sie, bis sie knusprig sind, 7 Minuten.
5. Nehmen Sie das Häckselgut auf einen Teller und stellen Sie es beiseite.
6. Gießen Sie den restlichen Teig in das Eisen und machen Sie das zweite Häckselgut.
7. Abkühlen lassen und anschließend servieren.

Ernährung: Kalorien: 203 Eiweiß: 19 g Fette: 10 g Kohlenhydrate: 5 g

2. Knoblauch-Petersilie-Haferflocken

Zubereitungszeit: 15 min

Kochzeit: 5 min

Portionen: 1

Zutaten:

- 1 großes Ei
- 1/4 Tasse Käse Mozzarella
- 1 Teelöffel Kokosnussmehl
- ¼ Teelöffel Backpulver
- ½ Teelöffel Knoblauchpulver
- 1 Esslöffel gehackte Petersilie

Für Servieren

- 1 Ei pochieren
- 4 oz. geräucherter Lachs

Wegbeschreibung:

1. Schalten Sie Ihr Dash Mini-Waffeleisen ein und lassen Sie es vorheizen.
2. Fetten Sie das Waffeleisen mit Kochspray ein.
3. Mischen Sie Ei, Mozzarella, Kokosmehl und Backpulver sowie Knoblauchpulver und Petersilie in

einer Rührschüssel, bis sie gut miteinander verbunden sind.

4. Gießen Sie den Teig in den Kreishäcksler.
5. Schließen Sie den Deckel.
6. Etwa 2-3 Minuten kochen oder bis die Hähne gar sind.
7. Mit Räucherlachs und pochiertem Ei servieren.
8. Viel Spaß!

Ernährung: Kalorienzahl: 187 Eiweiß: 5 g Fett: 17 g Kohlenhydrate: 1 g

3. Zimt wirbelt Chaffle

Zubereitungszeit: 12 Minuten

Kochzeit: 6 Minuten

Portion: 2

Zutaten:

Vereisung

- Butter: 2 Esslöffel ungesalzene Butter
- Frischkäse: 2 oz. erweicht
- Vanille: 1 Teelöffel
- Splenda: 2 Esslöffel

Chaffle

- Ei: 2
- Mandelmehl: 2 Esslöffel
- Zimt: 2 Teelöffel
- Splenda: 2 Esslöffel
- Frischkäse: 2 oz. erweicht
- Vanilleextrakt: 2 Teelöffel
- Vanilleextrakt: 2 Teelöffel

Zimt Nieselregen

- Splenda: 2 Esslöffel
- Zimt: 2 Teelöffel
- Butter: 1 Esslöffel

Wegbeschreibung:

1. Ein Waffeleisen vorheizen und einfetten. eine kombinierte Mischung aus allen Zutaten, gleichmäßig vermischt und in das Waffeleisen geben.
2. 4 Minuten kochen, bis die Chaffles knusprig werden, und dann beiseite stellen. In einer Rührschüssel alle Zutaten für die Glasur und den Zimt verrühren und in der Mikrowelle 12 Sekunden lang erhitzen, bis die Glasur weich ist. Erhitzte Glasur und Zimt auf die abgekühlten Chaffles gießen und genießen.

Ernährung: Kalorien 134 Kcal Fett: 13,1 g Eiweiß: 2,2 g Netto-Kohlenhydrate: 1,1 g

4. Japanisch gestyltes Chaffle

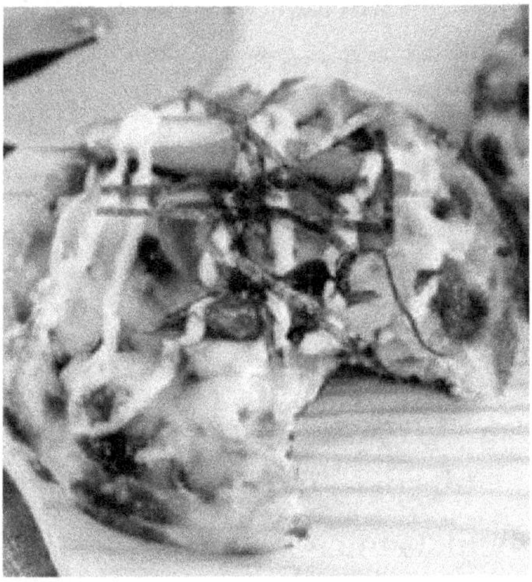

Zubereitungszeit: 12 Minuten

Kochzeit: 6 Minuten

Portionen: 2

Zutaten:

- Ei: 1
- Speck: 1 Scheibe
- Grüne Zwiebel: 1 Stiel
- Mozzarella-Käse: 1/2 Tasse (geschreddert)
- Kewpie Mayo: 2 Esslöffel

Wegbeschreibung:

1. Heizen Sie das Waffeleisen vor und fetten Sie es ein. Mischen Sie in einer Rührschüssel die Kewpie-Mayo mit dem verquirlten Ei, fügen Sie dann ½ gehackte grüne Zwiebel, die andere ½ beiseite gelegte Zwiebel und ¼ Zoll geschnittenen Speck zu der Mischung hinzu.

2. Gleichmäßig mischen. Den Boden des Waffeleisens mit 1/8 Tasse geschreddertem Mozzarella bestreuen und die Mischung einfüllen, dann mit mehr geschreddertem Mozzarella bedecken. Erhitzen Sie die Waffel bei geschlossenem Deckel 5 Minuten lang, bis sie knusprig ist, und nehmen Sie dann die Waffel heraus.
3. Wiederholen Sie den Vorgang für die restliche Hackfleischmischung, um mehr Teig herzustellen. Servieren Sie die Spreu mit den übrig gebliebenen gehackten Frühlingszwiebeln. Genießen Sie.

Ernährung: Kalorien 92 Kcal Fett: 7 g Eiweiß: 1 g Netto-Kohlenhydrate: 2 g

5. Keto-Erdbeer-Haferflocken

Zubereitungszeit: 10 Minuten

Kochzeit: 5 Minuten

Portionen: 2

Inhaltsstoff

- 1 Ei
- 1/4 Tasse Mozzarella-Käse
- 1 Esslöffel Frischkäse
- 1/4 Teelöffel Backpulver
- 2 geschnittene Erdbeeren
- 1 Teelöffel Erdbeer-Extrakt

Wegbeschreibung:

1. Waffeleisen vorheizen.
2. Schlagen Sie das Ei in einer kleinen Schüssel auf.
3. Fügen Sie den Rest der Zutaten hinzu.

4. Das Waffeleisen wird mit Antihaft-Kochspray besprüht.
5. Teilen Sie die Mischung in zwei gleiche Teile.
6. Kochen Sie eine Portion der Mischung für ca. 4 Minuten oder bis sie goldbraun ist.

Ernährung: Kalorien: 249 Fett: 20g Kohlenhydrate: 3g Eiweiß: 15g

6. Keto-Knusperhäcksel

Zubereitungszeit: 15 Minuten

Kochzeit: 8 Minuten

Portionen: 2

Zutaten:

- 2 große Eier
- 1/2 Tasse zerkleinerter Mozzarella-Käse (fest angedrückt)
- 1/2 Teelöffel Backpulver
- 1 Esslöffel Erythrit (Pulver), oder Süßstoff (am idealsten ist jedoch Pulver)
- 1/2 Teelöffel Vanilleextrakt

Wegbeschreibung:

1. Erhitzen Sie Ihr Waffeleisen auf der hohen Hitzeeinstellung. Ich habe ein 7-Zoll-Waffeleisen verwendet und dieses Rezept passt gut für eine große Waffel. Wenn Sie ein kleineres Waffeleisen haben, müssen Sie das Rezept auf zwei Waffeln aufteilen.
2. Geben Sie alle Zutaten in einen Bullet oder einen Blender und pürieren Sie sie 10 Sekunden lang.
3. Gießen Sie die Mischung in ein sehr heißes und trockenes Waffeleisen. Nach dem Gießen sieht sie dünn aus, aber keine Angst, sie wird beim Kochen deutlich größer (und Sie müssen sie im Auge behalten, um ein Überlaufen beim Kochen zu vermeiden!). Lassen Sie die Waffel 3 bis 4 Minuten oder länger garen! Die Waffel ist fertig, wenn die gesamte Waffel goldbraun

ist, was länger dauert als bei einer normalen Waffel. Sie können Ihre Waffel mit einer Gabel umdrehen, um sicherzustellen, dass jede Seite gleichmäßig gefärbt ist, falls sie nach einiger Zeit noch nicht fertig aussieht. Lassen Sie die Waffel vor dem Verzehr 3-4 Minuten abkühlen, da sie beim Abkühlen braun werden kann

4. Servieren Sie sie mit reichlich Butter aus Weidehaltung und zuckerfreiem Sirup, oder was immer Sie möchten.

Ernährung: Kalorien: 155 Fett: 14g Eiweiß: 5g Netto-Kohlenhydrate: 2g

7. Keto Silver Dollar Pfannkuchen

Zubereitungszeit: 10 Minuten

Kochzeit: 5 Minuten

Portionen: 2

Inhaltsstoffe

- (3) Eier
- 1/2 Tasse (105 G) Hüttenkäse
- 1/3 Tasse (37,33 g) Superfeines Mandelmehl
- 1/4 Tasse (62,5 g) ungesüßte Mandelmilch
- 2 Esslöffel Truvia
- Vanille-Extrakt
- 1 Teelöffel Backpulver
- Speiseöl-Spray

Wegbeschreibung:

1. Geben Sie die Zutaten in der oben angegebenen Reihenfolge in einen Mixer. Mixen Sie, bis Sie einen glatten, flüssigen Teig haben.
2. Erhitzen Sie eine Antihaft-Pfanne auf mittlerer bis hoher Temperatur. Mit Öl oder Margarine besprühen.
3. Setzen Sie 2 Esslöffel Teig auf einmal ab, um kleine Dollar-Hotcakes herzustellen. Dies ist ein extrem flüssiger, empfindlicher Teig, also nicht
4. Versuchen Sie, mit diesem Gerät große Pfannkuchen zu machen, da sie sich nicht so leicht umdrehen lassen.
5. Garen Sie jeden Pfannkuchen so lange, bis sich an der Oberseite kleine Lufttaschen gebildet haben und die Lufttaschen verschwunden sind, etwa 1-2 Minuten.

6. Lösen Sie den Kuchen mit einem Spatel vorsichtig aus der Pfanne und drehen Sie ihn anschließend um.
7. Machen Sie den Rest der Pfannkuchen und servieren Sie sie heiß.

Ernährung: Kalorien: 110 Fett: 8g Eiweiß: 2g Netto-Kohlenhydrate: 7g

8. Keto Waffel Waffel

Zubereitungszeit: 10 Minuten

Kochzeit: 6 Minuten

Portionen: 2

Zutaten:

- 1 Ei
- ½ Tasse geschredderter Mozzarella-Käse
- 1 ½ Esslöffel Mandelmehl
- Prise Backpulver

Wegbeschreibung:

1. Schalten Sie zunächst Ihr Waffeleisen ein und heizen Sie es vor. Verquirlen Sie während des Vorheizens in einer Schüssel das Ei und den geschredderten Mozzarella-Käse miteinander. Wenn Sie keinen geschredderten Mozzarella-Käse haben, können Sie den Zerkleinerer verwenden, um den Käse zu zerkleinern. Geben Sie dann das Mandel- und Backpulver in die Schüssel und verquirlen Sie es, bis die Mischung gleichmäßig ist.
2. Gießen Sie dann die Mischung in das Waffelgerät. Achten Sie darauf, dass Sie die Mischung in die Mitte gießen, damit sie beim Schließen des Geräts an den Rändern herauskommt. Schließen Sie das Gerät und lassen Sie die Waffeln backen, bis sie goldbraun sind. Dann können Sie Ihre leckeren Waffeln servieren.

Ernährung: Kalorien: 170 Fett: 15g Eiweiß: 7g Netto-Kohlenhydrate: 2g

9. Keto Chaffle gekrönt mit gesalzenem Karamellsirup

Zubereitungszeit: 15 Minuten

Kochzeit: 10 Minuten

Portionen: 2

Zutaten:

- 1 Ei
- ½ Tasse Mozzarella-Käse
- ¼ Tasse Sahne
- 2 Esslöffel Kollagenpulver
- 1 ½ Esslöffel Mandelmehl
- 1 ½ Esslöffel ungesalzene Butter
- Prise Salz
- ¾ Esslöffel pulverisiertes Erythritol
- Prise Backpulver

Wegbeschreibung:

1. Heizen Sie zunächst Ihr Waffelgerät vor, indem Sie es einschalten und die Hitze auf mittlere Stufe stellen. Verquirlen Sie die Zutaten für die Waffeln, darunter das Ei, den Mozzarella-Käse, das Mandelmehl und das Backpulver. Gießen Sie die Mischung auf das Waffelgerät. Lassen Sie sie backen, bis sie goldbraun ist. Mit dieser Methode können Sie bis zu zwei Waffeln herstellen.
2. Um den Karamellsirup herzustellen, müssen Sie die Flamme unter einer Pfanne auf mittlere Hitze einschalten Schmelzen Sie die ungesalzene Butter in

der Pfanne. Drehen Sie dann die Hitze niedrig und geben Sie Kollagenpulver und Erythrit in die Pfanne und verquirlen Sie sie. Nach und nach die Sahne zugeben und vom Herd nehmen. Dann das Salz hinzufügen und weiter verquirlen. Gießen Sie den Sirup auf das Häckselgut und los geht's.

Ernährung: Kalorien: 75 Fett: 7g Eiweiß: 1g Netto-Kohlenhydrate: 3g

10. Keto Waffel Speck Sandwich

Zubereitungszeit: 15 Minuten

Kochzeit: 10 Minuten

Portionen: 2

Zutaten:

- 1 Ei
- ½ Tasse geschredderter Mozzarella-Käse
- 2 Esslöffel Kokosnussmehl
- 2 Streifen Schweinespeck oder Rinderspeck
- 1 Scheibe einer beliebigen Käsesorte
- 2 Esslöffel Kokosnussöl

Wegbeschreibung:

1. Um die Waffeln zuzubereiten, folgen Sie dem typischen Rezept für die Zubereitung von Waffeln. Heizen Sie zunächst Ihre Waffelmaschine auf mittlere Hitze vor. Verquirlen Sie in einer Schüssel 1 Ei, ½ Tasse Mozzarella-Käse und Mandelmehl. Gießen Sie die Mischung auf das Waffelgerät. Lassen Sie sie garen, bis sie goldbraun ist. Nehmen Sie sie dann auf einen Teller.
2. Erhitzen Sie Kokosöl in einer Pfanne bei mittlerer Hitze. Legen Sie dann die Speckstreifen in die Pfanne. Bei mittlerer Hitze knusprig braten. Montieren Sie den Speck und den Käse auf dem Häckselgut.

Ernährung: Kalorien: 225 Fett: 19g Protein: 8g Netto-Kohlenhydrate: 3g

HERZHAFTE HÄCKSEL-REZEPTE

11. Einfache & herzhafte Chaffles

Zubereitungszeit: 6 Minuten

Kochzeit: 8 Minuten

Portionen: 4

Zutaten:

- 1 großes Bio-Ei, verquirlt
- ½ Tasse Cheddar-Käse, geraspelt
- Eine Prise Salz und frisch gemahlener schwarzer Pfeffer

Wegbeschreibung:

1. Heizen Sie ein Mini-Waffeleisen vor und fetten Sie es anschließend ein.
2. Geben Sie alle Zutaten in eine Schüssel und schlagen Sie sie, bis sie sich gut verbinden.
3. Legen Sie die Hälfte der Mischung in das vorgeheizte Waffeleisen und backen Sie sie ca. 4 Minuten oder bis sie goldbraun ist.
4. Wiederholen Sie den Vorgang mit der restlichen Mischung.
5. Warm servieren.

Ernährung: Kalorien: 217 Gesamtfett: 19g Eiweiß: 8g Gesamtkohlenhydrate: 5g Ballaststoffe: 3g Nettokohlenhydrate: 2g Cholesterin: 136mg

12. Parmesan-Knoblauch-Häcksel

Zubereitungszeit: 6 Minuten

Kochzeit: 5 Minuten

Portionen: 2

Zutaten:

- 1 Esslöffel frischer Knoblauch gehackt
- 2 Esslöffel Butter
- 1 oz Frischkäse, gewürfelt
- 2 Esslöffel Mandelmehl
- 1 Teelöffel Backpulver
- 2 große Eier
- 1 Teelöffel getrockneter Schnittlauch
- ½ Tasse Parmesankäse, geraspelt
- ¾ Tasse Mozzarella-Käse, zerkleinert

Wegbeschreibung:

1. Erhitzen Sie Frischkäse und Butter in einem Topf auf mittlerer Stufe, bis sie geschmolzen sind.
2. Knoblauch hinzufügen und unter Rühren minutenlang kochen.
3. Schalten Sie das Waffeleisen ein und ölen Sie es mit Kochspray ein.
4. Verquirlen Sie in einer kleinen Rührschüssel Mehl und Backpulver und stellen Sie sie dann beiseite.

5. Schlagen Sie die Eier in einer separaten Schüssel 1 Minute 30 Sekunden lang auf höchster Stufe, geben Sie dann die Frischkäsemischung hinzu und schlagen Sie weitere 60 Sekunden lang.
6. Mehlmischung, Schnittlauch und Käse in die Schüssel geben und gut umrühren.
7. Geben Sie ¼ Tasse Teig in das Waffeleisen.
8. Schließen und 4 Minuten lang kochen, bis sie goldbraun sind.
9. Wiederholen Sie den Vorgang für den restlichen Teig.
10. Fügen Sie den gewünschten Belag hinzu und servieren Sie.

Ernährung: Kalorien: 236 Gesamtfett: 23g Eiweiß: 6g Gesamtkohlenhydrate: 5g Ballaststoffe: 3g Nettokohlenhydrate: 2g Cholesterin: 0mg

13. Huhn & Gemüse Chaffles

Zubereitungszeit: 10 Minuten

Kochzeit: 15 Minuten

Portionen: 2

Zutaten:

- 1/3 Tasse gekochtes, grasgefüttertes Hühnerfleisch, gehackt
- 1/3 Tasse gekochter Spinat, zerkleinert
- 1/3 Tasse marinierte Artischocken, zerkleinert
- 1 Bio-Ei, verquirlt
- 1/3 Tasse Mozzarella-Käse, zerkleinert
- 1 Unze Frischkäse, erweicht
- ¼ Teelöffel Knoblauchpulver

Wegbeschreibung:

1. Heizen Sie ein Mini-Waffeleisen vor und fetten Sie es anschließend ein.
2. Geben Sie alle Zutaten in eine mittelgroße Schüssel und mischen Sie sie, bis sie gut miteinander verbunden sind.
3. Legen Sie 1/der Mischung in das vorgeheizte Waffeleisen und backen Sie es ca. 4-5 Minuten oder bis es goldbraun ist.
4. Wiederholen Sie den Vorgang mit der restlichen Mischung.

5. Warm servieren.

Ernährung: Kalorien: 227 Gesamtfett: 19g Eiweiß: 10g Gesamtkohlenhydrate: 8g Ballaststoffe: 4g Nettokohlenhydrate: 4g Cholesterin: 143mg

14. Truthahn-Häcksel

Zubereitungszeit: 10 Minuten

Kochzeit: 16 Minuten

Portionen: 2

Zutaten:

- ½ Tasse gekochtes Putenfleisch, zerkleinert
- 2 Bio-Eier, verquirlt
- ½ Tasse Parmesankäse, gerieben
- ½ Tasse Mozzarella, geraspelt
- ¼ Teelöffel Geflügelgewürz
- ¼ Teelöffel Zwiebelpulver

Wegbeschreibung:

1. Heizen Sie ein Mini-Waffeleisen vor und fetten Sie es anschließend ein.
2. Geben Sie alle Zutaten in eine mittelgroße Schüssel und mischen Sie sie, bis sie gut miteinander verbunden sind.
3. Geben Sie ¼ der Mischung in das vorgeheizte Waffeleisen und backen Sie sie ca. 4 Minuten oder bis sie goldbraun ist.
4. Wiederholen Sie den Vorgang mit der restlichen Mischung.
5. Warm servieren.

Ernährung: Kalorien: 365 Gesamtfett: 33g Eiweiß: 14g Gesamtkohlenhydrate: 10g Ballaststoffe: 6g Nettokohlenhydrate: 4g Cholesterin: 0mg

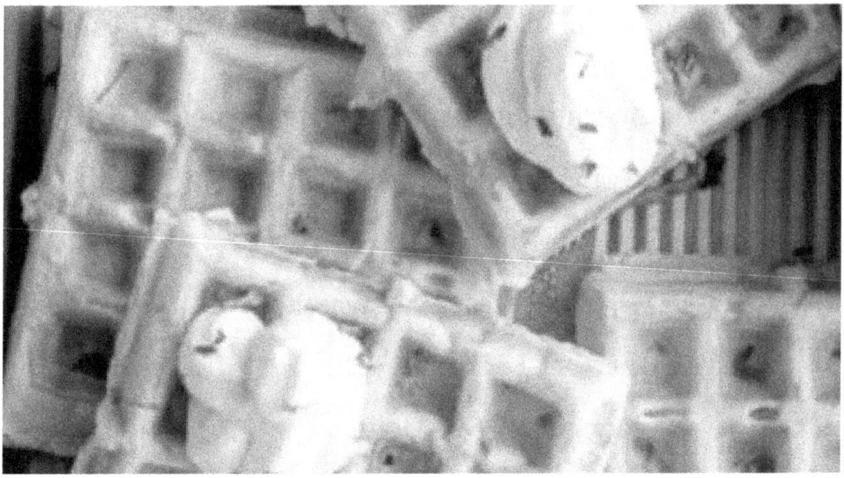

15. Huhn & Zucchini Chaffles

Zubereitungszeit: 10 Minuten

Kochzeit: 5 Minuten

Portionen: 9

Zutaten:

- 4 Unzen gekochtes, grasgefüttertes Hühnerfleisch, zerkleinert
- 2 Tassen Zucchini, geraspelt und ausgepresst
- ¼ Tasse Frühlingszwiebeln, gehackt
- 2 große Bio-Eier
- ½ Tasse Mozzarella-Käse, geraspelt
- ½ Tasse Cheddar-Käse, geraspelt
- ½ Tasse blanchiertes Mandelmehl
- 1 Teelöffel Bio-Backpulver
- ½ Teelöffel Knoblauchsalz
- ½ Teelöffel Zwiebelpulver

Wegbeschreibung:

1. Heizen Sie ein Waffeleisen vor und fetten Sie es anschließend ein.
2. Geben Sie alle Zutaten in eine mittelgroße Schüssel und mischen Sie sie, bis sie gut miteinander verbunden sind.
3. Teilen Sie die Mischung in 9 Portionen auf.

4. Legen Sie 1 Portion der Mischung in das vorgeheizte Waffeleisen und backen Sie sie ca. 2-3 Minuten oder bis sie goldbraun ist.
5. Wiederholen Sie den Vorgang mit der restlichen Mischung.
6. Warm servieren.

Ernährung: Kalorien: 292 Gesamtfett: 26g Eiweiß: 10g Kohlenhydrate gesamt: 9g

Ballaststoffe: 2g Netto-Kohlenhydrate: 7g Cholesterin: 0mg

16. Peperoni Chaffles

Zubereitungszeit: 5 Minuten

Kochzeit: 5 Minuten

Portionen: 2

Zutaten:

- 1 Bio-Ei, verquirlt
- ½ Tasse Mozzarella-Käse, geraspelt
- 2 Esslöffel Puten-Peperoni-Scheibe, gehackt
- 1 Esslöffel zuckerfreie Pizzasauce
- ¼ Teelöffel italienisches Gewürz

Wegbeschreibung:

1. Heizen Sie ein Waffeleisen vor und fetten Sie es anschließend ein.
2. Geben Sie alle Zutaten in eine Schüssel und mischen Sie sie gut.
3. Geben Sie die Mischung in das vorgeheizte Waffeleisen und backen Sie sie ca. 5 Minuten oder bis sie goldbraun ist.
4. Warm servieren.

Ernährung: Kalorien: 265 Gesamtfett: 22g Eiweiß: 13g Gesamtkohlenhydrate: 8g Ballaststoffe: 3g Nettokohlenhydrate: 5g Cholesterin: 121mg

17. Scharfe Soße Jalapeño-Kaffeekugeln

Zubereitungszeit: 6 Minuten

Kochzeit: 8 Minuten

Portionen: 2

Zutaten:

- ½ Tasse plus 2 Teelöffel Cheddar-Käse, zerkleinert und geteilt
- 1 Bio-Ei, verquirlt
- 6 Jalapeño-Pfeffer-Scheiben
- ¼ Teelöffel scharfe Sauce
- Prise Salz

Wegbeschreibung:

1. Heizen Sie ein Mini-Waffeleisen vor und fetten Sie es anschließend ein.
2. Geben Sie ½ Tasse Käse und die restlichen Zutaten in eine Schüssel und mischen Sie sie, bis sie gut kombiniert sind.
3. Geben Sie etwa 1 Teelöffel Käse für einige Sekunden auf den Boden des Waffeleisens, bevor Sie die Mischung hinzufügen.
4. Legen Sie die Hälfte der Mischung in das vorgeheizte Waffeleisen und backen Sie sie ca. 3 Minuten lang oder bis sie goldbraun ist.

5. Wiederholen Sie den Vorgang mit dem restlichen Käse und der Mischung.
6. Warm servieren.

Ernährung: Kalorien: 336 Gesamtfett: 28g Eiweiß: 15g Gesamtkohlenhydrate: 9g Ballaststoffe: 6g Nettokohlenhydrate: 3g Cholesterin: 162mg

18. Huhn Chaffles

Zubereitungszeit: 10 Minuten

Kochzeit: 15 Minuten

Portionen: 2

Zutaten:

- 2 oz Hühnerbrüste, gekocht, zerkleinert
- 1/2 Tasse Mozzarella-Käse, fein geraspelt
- 2 Eier
- 6 Esslöffel Parmesankäse, fein gerieben
- 1 Tasse Zucchini, gerieben
- ½ Tasse Mandelmehl
- 1 Teelöffel Backpulver
- ¼ Teelöffel Knoblauchpulver
- ¼ Teelöffel schwarzer Pfeffer, gemahlen
- ½ Teelöffel italienisches Gewürz
- ¼ Teelöffel Salz

Wegbeschreibung:

1. Bestreuen Sie die Zucchini mit einer Prise Salz und stellen Sie sie für einige Minuten beiseite. Drücken Sie das überschüssige Wasser aus.
2. Wärmen Sie Ihr Mini-Waffeleisen auf.
3. Hähnchen, Mandelmehl, Backpulver, Käse, Knoblauchpulver, Salz, Pfeffer und Gewürze in einer Schüssel mischen.
4. Verwenden Sie eine weitere kleine Schüssel zum Schlagen der Eier. Geben Sie sie zu den ausgedrückten Zucchini, mischen Sie sie gut.
5. Kombinieren Sie die Hühner- und Eiermischung und mischen Sie sie.
6. Für eine knusprige Kruste geben Sie einen Teelöffel geriebenen Käse in das Waffeleisen und kochen ihn für 30 Sekunden.
7. Geben Sie dann die Mischung in das Waffeleisen und kochen Sie sie 5 Minuten lang oder bis sie knusprig ist.
8. Vorsichtig entfernen. Wiederholen Sie mit dem restlichen Teig die gleichen Schritte.
9. Viel Spaß!

Ernährung: Kalorien: 341 Gesamtfett: 27g Eiweiß: 21g Gesamtkohlenhydrate: 1g Ballaststoffe: 0g Nettokohlenhydrate: 1g Cholesterin: 134mg

19. Knoblauch-Hühnchen Chaffles

Zubereitungszeit: 6 Minuten

Kochzeit: 12 Minuten

Portionen: 2

Zutaten:

- 1 Bio-Ei, verquirlt
- 1/3 Tasse mit Gras gefüttertes gekochtes Hühnerfleisch, zerkleinert
- 1/3 Tasse Mozzarella-Käse, zerkleinert
- ¼ Teelöffel Knoblauch, gehackt
- ¼ Teelöffel getrocknetes Basilikum, zerdrückt

Wegbeschreibung:

1. Heizen Sie ein Mini-Waffeleisen vor und fetten Sie es anschließend ein.
2. Geben Sie alle Zutaten in eine Schüssel und mischen Sie sie, bis sie gut miteinander verbunden sind.
3. Legen Sie die Hälfte der Mischung in das vorgeheizte Waffeleisen und backen Sie sie ca. 4-6 Minuten oder bis sie goldbraun ist.
4. Wiederholen Sie den Vorgang mit der restlichen Mischung.
5. Warm servieren.

Ernährung: Kalorien: 302 Fett gesamt: 26g Eiweiß: 13g Kohlenhydrate gesamt: 5g

Ballaststoffe: 2g Netto-Kohlenhydrate: 3g Cholesterin: 320mg

GRUNDREZEPTE FÜR HÄCKSEL

20. Speck-Cheddar-Waffel

Zubereitungszeit: 12 Minuten

Kochzeit: 6 Minuten

Portionen: 2

Zutaten:

- Ei: 1
- Biss zum Speck: Nach Ihrem Geschmack
- Cheddar-Käse: 1½ Tasse

Wegbeschreibung:

1. Zuerst das Waffeleisen vorheizen und einfetten. alle Zutaten in einer Schüssel vermengen, dann in das Waffeleisen geben und 4 Minuten im Waffeleisen erhitzen, bis es knusprig wird.
2. Wiederholen Sie den Vorgang für die restliche Mischung. Servieren Sie das Gericht zum Genießen.

Ernährung: Kalorien 273, Fett 3, Kohlenhydrate 10, Eiweiß 10

21. Einfache und knusprige Chaffle

Zubereitungszeit: 12 Minuten

Kochzeit: 6 Minuten

Portionen: 2

Zutaten:

- Cheddar-Käse: 1/3 Tasse
- Backpulver: 1/4 Teelöffel
- Parmesankäse (geschreddert): 1/3 Tasse
- Ei: 1
- Leinsamen: 1 Teelöffel (gemahlen)

Wegbeschreibung:

1. eine Mischung aus Ei, Backpulver, Leinsamen und Cheddar-Samen in eine Rührschüssel geben.
2. Heizen Sie das Waffeleisen vor und fetten Sie es ein.
3. Streuen Sie den geschredderten Cheddar-Käse auf den Boden des Waffeleisens und gießen Sie die Mischung in das Waffeleisen, geben Sie dann noch etwas geschredderten Käse oben auf die Mischung.
4. Erhitzen Sie die Mischung, um sie knusprig zu garen. Wiederholen Sie den Vorgang für die restliche Mischung. Servieren Sie das Gericht zum Genießen.

Ernährung: Kalorien 214, Fett 14, Kohlenhydrate 12, Eiweiß 9

22. Knusprige Zucchini-Häppchen

Zubereitungszeit: 18 Minuten

Kochzeit: 12 Minuten

Portionen: 2

Zutaten:

- Zucchini: 1 (klein - fein gerieben)
- Ei: 1
- Geschredderter Mozzarella: halbe Tasse
- Parmesan: 1 Esslöffel
- Pfeffer: Nach eigenem Geschmack
- Basilikum: 1 Teelöffel

Wegbeschreibung:

1. Das Waffeleisen vorheizen und einfetten. eine Mischung aus allen Zutaten in einer Rührschüssel.
2. Gießen Sie die Mischung in ein großformatiges Waffeleisen und verteilen Sie sie gleichmäßig.
3. Erhitzen Sie die Mischungen, bis sie knusprig sind.
4. Wiederholen Sie den Vorgang für die restliche Mischung.
5. Heiß servieren und den knusprigen Geschmack genießen.

Ernährung: Kalorien 261, Fett 8, Kohlenhydrate 13, Eiweiß 21

23. Reichhaltige und cremige Mini Chaffle

Zutaten:

- Backpulver: ¾ Esslöffel
- Eier: 2
- Frischkäse: 2 Esslöffel
- Mandelmehl: 2 Esslöffel
- Wasser: 2 Esslöffel (optional)
- Geschredderter Mozzarella: 1 Tasse

Wegbeschreibung:

1. Das Waffeleisen vorheizen und einfetten. eine Mischung aus allen Zutaten in einer Rührschüssel.
2. Gießen Sie die Mischung in ein großformatiges Waffeleisen und verteilen Sie sie gleichmäßig.
3. Erhitzen Sie die Mischungen 5 Minuten lang, bis sie knusprig sind.
4. Wiederholen Sie den Vorgang für die restliche Mischung.
5. Heiß servieren und den knusprigen Geschmack genießen.

Ernährung: Kalorien 273, Fett 3, Kohlenhydrate 10, Eiweiß 10

24. Jalapeno-Speck-Schweizer Schnitzel

Zubereitungszeit: 18 Minuten

Kochzeit: 12 Minuten

Portionen: 2

Zutaten:

- Geschredderter Schweizer Käse: ½ Tasse
- Frische Jalapenos (gewürfelt): 1 Esslöffel
- Stück Speck: 2 Esslöffel
- Ei: 1

Wegbeschreibung:

1. Heizen Sie zunächst das Waffeleisen vor und fetten Sie es ein.
2. In einer Pfanne die Speckstücke kochen, vom Herd nehmen und den Käse und das Ei zerkleinern.
3. Fügen Sie die gewürfelten frischen Jalapenos hinzu und mischen Sie sie gleichmäßig.
4. Erhitzen Sie die Waffeleisen, um die Mischung in eine knusprige Form zu bringen.
5. Wiederholen Sie den Vorgang für die restliche Mischung.
6. Servieren Sie das Gericht zum Genuss.

Ernährung: Kalorien 329, Fett 16, Kohlenhydrate 10, Eiweiß 23

25. Häcksel-Tacos

Zubereitungszeit: 5 Minuten

Kochzeit: 8 Minuten

Portionen: 2

Inhaltsstoffe

- 1 Eiweiß
- 1/4 Tasse Monterey Jack-Käse, geraspelt (fest verpackt)
- 1/4 Tasse scharfer Cheddar-Käse, zerkleinert (fest verpackt)
- 3/4 Teelöffel Wasser
- 1 Teelöffel Kokosnussmehl
- 1/4 Teelöffel Backpulver
- 1/8 Teelöffel Chilipulver
- Prise Salz

Wegbeschreibung

1. Stecken Sie den Dash Mini Waffle Maker in die Wand und fetten Sie ihn leicht ein, sobald er heiß ist.
2. Kombinieren Sie alle Zutaten in einer Schüssel und rühren Sie sie um.
3. Löffeln Sie die Hälfte des Teigs auf das Waffeleisen und schließen Sie den Deckel. Stellen Sie einen Timer für 4 Minuten ein und heben Sie den Deckel nicht an, bevor die Garzeit beendet ist. Wenn Sie das tun, sieht es so aus, als würde die Taco-Waffelschale nicht richtig aufgehen, aber das wird sie. Sie müssen sie die gesamten 4 Minuten kochen lassen, bevor Sie den Deckel anheben.

4. Nehmen Sie die Taco-Chaffle-Shell aus dem Waffeleisen und legen Sie sie beiseite. Wiederholen Sie die oben genannten Schritte mit dem restlichen Waffelteig.
5. Drehen Sie ein Muffinblech um und setzen Sie die Taco-Chaffle Shells zwischen die Förmchen, um eine Taco Shell zu bilden. Lassen Sie die Einstellung für einige Minuten.
6. Genießen Sie diese köstliche, knusprige Keto-Taco-Chaffle-Shell mit Ihren Lieblings-Toppings.

Ernährung: Kalorien 174, Fett 15, Kohlenhydrate 5, Eiweiß 7

26. Cheddar-Keks-Waffel

Zubereitungszeit: 15 Minuten

Kochzeit: 5 Minuten

Portionen: 2

Zutaten:

- 1 Ei
- ¼ Tasse scharfer Cheddar-Käse
- 2 Esslöffel Mandelmehl
- ½ Teelöffel Backpulver
- ½ Teelöffel Knoblauchpulver
- Prise Salz

Wegbeschreibung:

1. Heizen Sie das Waffeleisen auf mittlere bis hohe Hitze vor.
2. Ei, Cheddar-Käse, Mandelmehl, Backpulver, Knoblauchpulver und Salz miteinander verquirlen.
3. Gießen Sie die Waffelmischung in die Mitte des Waffeleisens. Schließen Sie das Waffeleisen und lassen Sie die Waffeln 3-5 Minuten lang garen oder bis sie goldbraun und fest sind.
4. Nehmen Sie die Waffeln aus dem Waffeleisen und servieren Sie sie.

Ernährung: Kalorien 392, Fett 34, Kohlenhydrate 4, Eiweiß 19

27. Keto Blaubeer-Haferflocken

Zubereitungszeit: 3 Minuten

Kochzeit: 15 Minuten

Portionen: 5

Zutaten:

- 1 Tasse Mozzarella-Käse
- 2 Esslöffel Mandelmehl
- 1 Teelöffel Backpulver
- 2 Eier
- 1 Teelöffel Zimt
- 2 Teelöffel Swerve
- 1 Esslöffel Heidelbeeren

Wegbeschreibung:

1. Heizen Sie Ihr Dash Mini-Waffeleisen auf.
2. Geben Sie den Mozzarella-Käse, das Mandelmehl, das Backpulver, die Eier, den Zimt, den Swerve und die Blaubeeren in eine Rührschüssel. Gut mischen, sodass alle Zutaten miteinander vermischt sind.
3. Besprühen Sie Ihr Mini-Waffeleisen mit Antihaft-Kochspray.
4. Geben Sie etwas weniger als 1/4 Tasse Blaubeer-Keto-Waffelteig hinein.
5. Schließen Sie den Deckel und garen Sie das Häckselgut für 3-5 Minuten. Prüfen Sie bei der 3-Minuten-Marke, ob sie knusprig und braun ist. Wenn dies nicht der Fall ist oder die Waffel an der Oberseite des Waffelgeräts

klebt, schließen Sie den Deckel und kochen Sie sie 1-2 Minuten länger.

6. Mit einer Prise Swerve-Konditorzucker oder Keto-Sirup servieren.

Ernährung: Kalorien 523, Fett 18, Kohlenhydrate 7, Eiweiß 3

28. Kürbis-Schokoladen-Chip-Kaffee

Zubereitungszeit: 4 Minuten

Kochzeit: 12 Minuten

Portionen: 3

Zutaten:

- 1/2 Tasse geschredderter Mozzarella-Käse
- Teelöffel Kürbispüree
- 1 Ei
- 2 Esslöffel granuliertes Swerve
- 1/4 Teelöffel Kürbiskuchengewürz
- 4 Teelöffel zuckerfreie Schokoladenchips
- 1 Esslöffel Mandelmehl

Wegbeschreibung:

1. Schließen Sie Ihr Waffeleisen an.
2. Mischen Sie in einer kleinen Schüssel das Kürbispüree und das Ei. Achten Sie darauf, dass Sie es gut mischen, damit der gesamte Kürbis mit dem Ei vermischt wird.
3. Als Nächstes den Mozzarella-Käse, das Mandelmehl, das Swerve und das Kürbisgewürz hinzugeben und gut vermischen.
4. Dann fügen Sie Ihre zuckerfreien Schokoladenchips hinzu
5. Geben Sie jeweils die Hälfte der Keto-Kürbiskuchen-Chaffle-Mischung in das Dish Mini-Waffeleisen. Chaffle-Teig im Waffeleisen 4 Minuten lang garen.
6. Öffnen Sie das Gerät nicht, bevor die 4 Minuten abgelaufen sind. Es ist sehr wichtig, dass Sie das

Waffeleisen nicht vor der 4-Minuten-Marke öffnen. Danach können Sie es zwar öffnen, um zu prüfen, ob die Waffeln durchgebacken sind, aber bei diesen Waffeln ist es sehr wichtig, den Deckel die ganze Zeit geschlossen zu halten.

7. Wenn der erste komplett fertig gegart ist, kochen Sie den zweiten.
8. Genießen Sie es mit etwas Swerve-Süßstoff oder Schlagsahne obenauf.

Ernährung: Kalorien 388, Fett 19, Kohlenhydrate 10, Eiweiß 21

SNACK-HÄCKSEL-REZEPTE

29. Käse-Knusperhühnchen

Zubereitungszeit: 5 Minuten

Kochzeit: 20 Minuten

Portionen: 2

Zutaten:

- Ei: 1
- Cheddar-Käse: 1½ Tasse
- Gemahlenes Huhn: ½ Tasse
- Salz: ½ Teelöffel.
- Pfeffer: ½ Teel.
- Butter: 1 Teel.
- Käsescheiben: 1 pro zwei Chaffeln

Wegbeschreibung:

1. Gehacktes Hähnchen in Butter anbraten und mit Salz und Pfeffer würzen
2. Heizen Sie Ihr Waffeleisen vor, falls erforderlich
3. Alle Eier und Cheddar-Käse mischen und gut verquirlen
4. Fetten Sie Ihr Waffeleisen leicht ein
5. Garen im Waffeleisen für ca. 5 Minuten oder bis die gewünschte Knusprigkeit erreicht ist
6. Machen Sie so viele Waffeln, wie Ihre Mischung und Ihr Waffeleisen zulassen
7. Die Pfanne erhitzen und mit Butter einfetten

8. Eine Chaffel auf die Pfanne legen und mit der Käsescheibe belegen und das Hähnchen darauf verteilen
9. Schließen Sie mit einem weiteren Chaffle
10. Dieses Chaffle-Sandwich von beiden Seiten grillen und heiß servieren

Ernährung: Kalorien 63, Fett 3,9, Ballaststoffe 3,7, Kohlenhydrate 6,7, Eiweiß 0,6

30. Hähnchen Bites Plus Chaffles

Zubereitungszeit: 5 Minuten

Kochzeit: 10 Minuten

Portionen: 2

Zutaten:

- 1 Hähnchenbrust, in 2 x2 Zoll große Stücke geschnitten
- 1 Ei, verquirlt
- 1/4 Tasse Mandelmehl
- 2 Esslöffel Zwiebelpulver
- 2 Esslöffel Knoblauchpulver
- 1 Teelöffel getrockneter Oregano
- 1 Teelöffel Paprikapulver
- 1 Teelöffel Salz
- 1/2 Teelöffel schwarzer Pfeffer
- 2 Esslöffel Avocadoöl

Wegbeschreibung:

1. Geben Sie alle trockenen Zutaten zusammen in eine große Schüssel. Gut mischen.
2. Geben Sie die Eier in eine separate Schüssel.
3. Tauchen Sie jedes Hähnchenteil in das Ei und dann in die trockenen Zutaten.
4. Öl in einer 10-Zoll-Pfanne erhitzen, Öl hinzufügen.
5. Sobald das Avocadoöl heiß ist, geben Sie die beschichteten Hähnchen-Nuggets in eine Pfanne und braten sie 6-8 Minuten, bis sie gar und goldbraun sind.
6. Mit Chaffeln und Himbeeren servieren.
7. Viel Spaß!

Ernährung: Kalorien 76, Fett 5,8, Ballaststoffe 0,6, Kohlenhydrate 6, Eiweiß 1,1

31. Sandwich mit gegrilltem Schweinefleisch und Chaffle

Zubereitungszeit: 5 Minuten

Kochzeit: 15 Minuten

Portionen: 2

Zutaten:

- 1/2 Tasse Mozzarella, zerkleinert
- 1 Ei
- 1 Prise Knoblauchpulver

Schweinefleisch-Patty

- 1/2 Tasse Schweinefleisch,
- 1 Esslöffel grüne Zwiebel, gewürfelt
- 1/2 Teelöffel italienisches Gewürz
- Kopfsalatblätter

Wegbeschreibung:

1. Heizen Sie das quadratische Waffeleisen vor und fetten Sie es mit
2. Vermengen Sie Ei, Käse und Knoblauchpulver in einer kleinen Rührschüssel.
3. Gießen Sie den Teig in ein vorgeheiztes Waffeleisen und schließen Sie den Deckel.
4. Machen Sie aus diesem Teig 2 Chaffeln.
5. Garen Sie die Hähnchen ca. 2-3 Minuten, bis sie durchgegart sind.

6. Mischen Sie in der Zwischenzeit die Zutaten für die Schweinefleischpastete in einer Schüssel und formen Sie 1 große Pastete.
7. Grillen Sie die Schweinefleischpastete im vorgeheizten Grill ca. 3-4 Minuten pro Seite, bis sie durchgegart ist.
8. Schweinefleischpastete zwischen zwei Salatblättern anrichten. Sandwich so schneiden, dass ein dreieckiges Sandwich entsteht.
9. Viel Spaß!

Ernährung: Kalorien 123, Fett 8,6, Ballaststoffe 2,3, Kohlenhydrate 7,6, Eiweiß 5,6

32. Chaffle & Chicken Lunch Plate

Zubereitungszeit: 5 Minuten

Kochzeit: 15 Minuten

Portionen: 1

Zutaten:

- 1 großes Ei
- 1/2 Tasse Jack-Käse, zerkleinert
- 1 Prise Salz

Für Servieren

- 1 Hähnchenkeule
- Salz
- Pfeffer
- 1 Teelöffel Knoblauch,
- 1 Ei
- 1 Teelöffel Avocadoöl

Wegbeschreibung:

1. Erhitzen Sie Ihr quadratisches Waffeleisen und fetten Sie es mit Kochspray ein.
2. Gießen Sie den Chaffle-Teig in die Pfanne und kochen Sie ihn etwa 3 Minuten lang.
3. Erhitzen Sie in der Zwischenzeit das Öl in einer Pfanne bei mittlerer Hitze.
4. Sobald das Öl heiß ist, fügen Sie Hähnchenschenkel und Knoblauch dann, Kochen für ca. 5 Minuten. Flip und Kochen für weitere 3-4 Minuten.

5. Würzen Sie mit Salz und Pfeffer und mischen Sie sie gut durch.
6. Übertragen Sie den gegarten Schenkel auf einen Teller.
7. Braten Sie das Ei in der gleichen Pfanne für ca. 1-2 Minuten nach Ihrer Wahl.
8. Sobald die Chaffles gar sind, mit Spiegelei und Hähnchenschenkel servieren.
9. Viel Spaß!

Ernährung: Kalorien 18, Fett 0,8, Ballaststoffe 0,7, Kohlenhydrate 2,8, Eiweiß 0,9

33. Waffel-Minuten-Sandwich

Zubereitungszeit: 5 Minuten

Kochzeit: 10 Minuten

Portionen: 2

Zutaten:

- 1 großes Ei
- 1/8 Tasse Mandelmehl
- 1/2 Teelöffel Knoblauchpulver
- 3/4 Teelöffel Backpulver
- 1/2 Tasse geschredderter Käse

Sandwich-Füllung

- 2 Scheiben Delikatessschinken
- 2 Scheiben Tomaten
- 1 Scheibe Cheddar-Käse

Wegbeschreibung:

1. Fetten Sie Ihr quadratisches Waffeleisen ein und heizen Sie es auf mittlerer Stufe vor.
2. Mischen Sie die Zutaten für das Häckselgut in einer Rührschüssel, bis sie gut miteinander verbunden sind.
3. Gießen Sie den Teig in eine quadratische Waffel und machen Sie zwei Waffeln.
4. Sobald die Hähnchen gegart sind, nehmen Sie sie aus dem Gerät.
5. Für ein Sandwich ordnen Sie Deli-Schinken, Tomatenscheibe und Cheddarkäse zwischen zwei Chaffeln an.

6. Schneiden Sie das Sandwich in der Mitte durch.
7. Servieren und genießen!

Ernährung: Kalorien 52, Fett 3,3, Ballaststoffe 1,2, Kohlenhydrate 5,1, Eiweiß 1,4

34. Waffel-Käse-Sandwich

Zubereitungszeit: 5 Minuten

Kochzeit: 10 Minuten

Portionen: 1

Zutaten:

- 2 Quadrat Keto-Häcksel
- 2 Scheiben Cheddar-Käse
- 2 Kopfsalatblätter

Wegbeschreibung:

1. Heizen Sie Ihren Ofen auf 4000 F vor.
2. Salatblatt und Käsescheibe zwischen den Chaffeln anrichten.
3. Im vorgeheizten Backofen ca. 4-5 Minuten backen, bis der Käse geschmolzen ist.
4. Sobald der Käse geschmolzen ist, aus dem Ofen nehmen.
5. Servieren und genießen!

Ernährung: Kalorien 240, Fett 8,2, Ballaststoffe 5,3, Kohlenhydrate 11,6, Eiweiß 12

35. Hähnchen Zinger und Chaffle

Zubereitungszeit: 5 Minuten

Kochzeit: 15 Minuten

Portionen: 2

Zutaten:

- 1 Hähnchenbrust, in 2 Stücke geschnitten
- 1/2 Tasse Kokosnussmehl
- 1/4 Tasse fein geriebener Parmesan
- 1 Teelöffel Paprika
- 1/2 Teelöffel Knoblauchpulver
- 1/2 Teelöffel Zwiebelpulver
- 1 Teelöffel Salz& Pfeffer
- 1 Ei verquirlt
- Avocadoöl zum Braten
- Kopfsalatblätter
- BBQ-Sauce

Chaffle Zutaten:

- 4 oz. Käse
- 2 ganze Eier
- 2 oz. Mandelmehl
- 1/4 Tasse Mandelmehl
- 1 Teelöffel Backpulver

Wegbeschreibung:

1. Mischen Sie die Zutaten für das Häckselgut in einer Schüssel.

2. Gießen Sie den Waffelteig in die vorgeheizte, gefettete, quadratische Waffelmaschine.
3. Garen Sie die Hähnchen ca. 2 Minuten, bis sie durchgegart sind.
4. Aus diesem Teig quadratische Chaffeln herstellen.
5. Währenddessen Kokosmehl, Parmesan, Paprika, Knoblauchpulver, Zwiebelpulver, Salz und Pfeffer in einer Schüssel vermengen.
6. Tauchen Sie das Hähnchen zuerst in die Kokosnussmehlmischung und dann in das verquirlte Ei.
7. Avocadoöl in einer Pfanne erhitzen und das Hähnchen von beiden Seiten anbraten, bis es leicht braun und gar ist.
8. Hähnchen-Zinger zwischen zwei Chaffeln mit Salat und BBQ-Sauce setzen.
9. Viel Spaß!

Ernährung: Kalorien: 106; Gesamtfett: 7g; Gesättigtes Fett: 1g; Natrium: 55mg; Phosphor: 27mg; Kalium: 206mg; Kohlenhydrate: 11g; Ballaststoffe: 3g; Eiweiß: 1g; Zucker: 7g

36. Doppelte Hähnchen-Haferflocken

Zubereitungszeit: 5 Minuten

Kochzeit: 5 Minuten

Portionen: 2

Zutaten:

- 1/2 Tasse gekochtes geschreddertes Hühnerfleisch
- 1/4 Tasse Cheddar-Käse
- 1/8 Tasse Parmesankäse
- 1 Ei
- 1 Teelöffel italienisches Gewürz
- 1/8 Teelöffel Knoblauchpulver
- 1 Teelöffel Frischkäse

Wegbeschreibung:

1. Heizen Sie das belgische Waffeleisen vor.
2. Mischen Sie die Zutaten für das Häckselgut in einer Schüssel und vermengen Sie sie.
3. 1 EL Käse in ein Waffeleisen streuen und den Waffelteig einfüllen.
4. 1 Esslöffel Käse über den Teig geben und den Deckel schließen.
5. Garen Sie die Hähnchen etwa 4 bis Minuten.
6. Servieren Sie dazu einen Chicken Zinger und genießen Sie den doppelten Hähnchengeschmack.

Ernährung: Kalorien: 144; Gesamtfett: 11g; Gesättigtes Fett: 3g; Natrium: 332mg; Phosphor: 130mg; Kalium: 359mg; Kohlenhydrate: 4g; Ballaststoffe: 1g; Eiweiß: 6g; Zucker: 2g

37. Chaffles Plus Topping

Zubereitungszeit: 5 Minuten

Kochzeit: 10 Minuten

Portionen: 3

Zutaten:

- 1 großes Ei
- 1 Esslöffel Mandelmehl
- 1 Esslöffel vollfetter griechischer Joghurt
- 1/8 Teelöffel Backpulver
- 1/4 Tasse geschredderter Schweizer Käse

Topping

- 4oz. Grill-Garnelen
- 4 oz. gedämpfter Blumenkohlbrei
- 1/2 Zucchini in Scheiben geschnitten
- 3 Kopfsalatblätter
- 1 Tomate, in Scheiben geschnitten
- 1 Esslöffel Leinsamen

Wegbeschreibung:

1. Stellen Sie 3 Chaffles mit den angegebenen Chaffles-Zutaten her.
2. Richten Sie zum Servieren Salatblätter auf jedem Häcksel an.
3. Mit Zucchinischeiben, Grillgarnelen, Blumenkohlpüree und einer Tomatenscheibe belegen.
4. Leinsamen darüber träufeln.
5. Servieren und genießen!

Ernährung: Kalorien: 130; Gesamtfett: 9g; Gesättigtes Fett: 1g; Natrium: 88mg; Phosphor: 13mg; Kalium: 107mg; Kohlenhydrate: 13g; Ballaststoffe: 1g; Eiweiß: <1g; Zucker: 10g

SPEZIELLE HÄCKSELREZEPTE

38. Weihnachts-Smoothie mit Chaffles

Zubereitungszeit: 10 Minuten

Kochzeit:0 Minuten

Portionen: 2

Zutaten:

- 1 Tasse Kokosnussmilch
- 2 Esslöffel Mandeln, gehackt
- ¼ Tasse Kirschen
- 1 Prise Meersalz
- 1/4 Tasse Eiswürfel
- FÜR DAS TOPPING
- 2 oz. Keto-Schokoladenchips
- 2 oz. Kirschen
- 2 Minuten Düppel
- 2 Messlöffel schwere Sahne, gefroren

Wegbeschreibung:

1. Mandelmilch, Mandeln, Kirschen, Salz und Eis in einen Mixer geben und 2 Minuten lang mixen, bis die Masse glatt und schaumig ist.
2. Gießen Sie den Smoothie in Gläser.

3. Geben Sie in jedes Glas eine Kugel schwere Sahne, Schokoladensplitter, Kirschen und Häcksel.
4. Servieren und genießen!

Ernährung: Kalorien: 106,58 kcal, Kohlenhydrate: 8,20 g, Eiweiß: 4,77 g, Natrium: 51,91 mg, Kalium: 87,83 mg, Phosphor: 49,41 mg, Ballaststoffe: 0,58 g, Fett: 5 g,

39. Himbeere und Schokolade Chaffle

Zubereitungszeit: 5 Minuten

Kochzeit:7-9 Minuten

Portionen: 2

Zutaten:

- Batterie
- 4 Eier
- 2 Unzen Frischkäse, erweicht
- 2 Unzen saure Sahne
- 1 Teelöffel Vanilleextrakt
- 5 Esslöffel Mandelmehl
- ¼ Tasse Kakaopulver
- 1½ Teelöffel Backpulver
- 2 Unzen frische oder gefrorene Himbeeren
- Andere
- 2 Esslöffel Butter zum Bestreichen des Waffeleisens
- Frische Minzzweige zum Garnieren

Wegbeschreibung:

1. Heizen Sie das Waffeleisen vor.
2. Geben Sie die Eier, den Frischkäse und die saure Sahne in eine Schüssel und verrühren Sie sie mit einem Schneebesen, bis sie sich gerade verbunden haben.

3. Fügen Sie den Vanilleextrakt hinzu und mischen Sie, bis sich alles verbunden hat.
4. Rühren Sie das Mandelmehl, das Kakaopulver und das Backpulver ein und mischen Sie es, bis es sich verbunden hat.
5. Fügen Sie die Himbeeren hinzu und rühren Sie, bis sich alles verbunden hat.
6. Pinseln Sie das aufgeheizte Waffeleisen mit Butter ein und geben Sie ein paar Esslöffel des Teigs hinein.
7. Schließen Sie den Deckel und lassen Sie die Waffeln je nach Waffelgerät ca. 8 Minuten garen.
8. Mit frischen Minzzweigen servieren.

Ernährung: Kalorien: 186 kcal, Kohlenhydrate: 43,7 g, Natrium: 130 mg, Kalium: 135 mg, Phosphor: 18 mg, Ballaststoffe: 2,4 g, Fett: 2,3 g, Eiweiß: 2,28 g

40. Keto Belgische Zuckerchaffees

Zubereitungszeit: 8 Minuten

Kochzeit: 24 Minuten

Portionen: 2

Zutaten:

- 1 Ei, verquirlt
- 2 Esslöffel Swerve brauner Zucker
- ½ Esslöffel Butter, geschmolzen
- 1 Teelöffel Vanilleextrakt
- 1 Tasse fein geriebener Parmesankäse

Wegbeschreibung:

1. Heizen Sie das Waffeleisen vor.
2. Mischen Sie alle Zutaten in einer mittelgroßen Schüssel.
3. Öffnen Sie das Bügeleisen und geben Sie ein Viertel der Mischung hinein. Schließen und knusprig garen, 6 Minuten.
4. Nehmen Sie das Häckselgut auf einen Teller und machen Sie 3 weitere mit den restlichen Zutaten.
5. Jede Waffel in Keile schneiden, auf einen Teller geben, abkühlen lassen und servieren.

Nährwerte: Kalorien: 220 kcal, Kohlenhydrate: 2,59 g, Natrium: 88 mg, Kalium: 133,5 mg, Phosphor: 68,5 mg, Ballaststoffe: 1,7 g, Fett: 23,7 g, Eiweiß: 3,2 g

41. Kürbishäffchen Plus Ahornsirup

Zubereitungszeit: 10 Minuten

Kochzeit: 16 Minuten

Portionen: 2

Zutaten:

- 2 Eier, verquirlt
- ½ Tasse Mozzarella-Käse, geraspelt
- 1 Teelöffel Kokosnussmehl
- ¾ Teelöffel Backpulver
- ¾ Teelöffel Kürbiskuchengewürz
- 2 Teelöffel pürierter Kürbis
- 4 Teelöffel schwere Schlagsahne
- ½ Teelöffel Vanille
- Prise Salz
- 2 Teelöffel Ahornsirup (zuckerfrei)

Wegbeschreibung:

1. Schalten Sie Ihr Waffeleisen ein.
2. Mischen Sie alle Zutaten außer Ahornsirup in einer großen Schüssel.
3. Gießen Sie die Hälfte des Teigs in das Waffeleisen.
4. Schließen und minutenlang kochen.
5. Übertragen Sie sie auf einen Teller und lassen Sie sie 2 Minuten lang abkühlen.

6. Wiederholen Sie die Schritte mit der restlichen Mischung.
7. Träufeln Sie den Ahornsirup vor dem Servieren über die Chaffles.

Ernährung: Kalorien: 183 kcal, Kohlenhydrate: 17,9 g, Eiweiß: 0,3 g,

Natrium: 2 g, Kalium: 100 mg, Phosphor: 12,5 mg, Ballaststoffe: 1,4 g, Fett: 14,17 g,

42. Ahornsirup und Vanille Chaffle

Zubereitungszeit: 6 Minuten

Kochzeit: 12 Minuten

Portionen: 2

Zutaten:

- 1 Ei, verquirlt
- ¼ Tasse Mozzarella-Käse, geraspelt
- 1 oz. Frischkäse
- 1 Teelöffel Vanille
- 1 Esslöffel Keto-Ahornsirup
- 1 Teelöffel Süßstoff
- 1 Teelöffel Backpulver
- 4 Esslöffel Mandelmehl

Wegbeschreibung:

1. Heizen Sie Ihr Waffeleisen vor.
2. Geben Sie alle Zutaten in eine Schüssel.
3. Gut mischen.
4. Gießen Sie einen Teil des Teigs in das Waffeleisen.
5. Abdecken und 4 Minuten kochen.
6. Übertragen Sie das Häckselgut auf einen Teller und lassen Sie es 2 Minuten abkühlen.
7. Wiederholen Sie den gleichen Vorgang mit der restlichen Mischung.

Ernährung: Kalorien: 74 kcal, Kohlenhydrate: 0,1 g, Protein: 7 g, Natrium: 121,9 g, Kalium: 89,5 mg, Phosphor: 75 mg, Ballaststoffe: 0 g, Fett: 5,16 g,

43. Süße Vanille-Schokolade Chaffle

Zubereitungszeit: 10 Minuten

Kochzeit: 10 Minuten

Portionen: 2

Zutaten:

- 1 Ei, leicht verquirlt
- 1/4 Teelöffel Zimt
- 1/2 Teelöffel Vanille
- 1 Esslöffel Swerve
- 2 Teelöffel ungesüßtes Kakaopulver
- 1 Esslöffel Kokosnussmehl
- 2 Unzen Frischkäse, erweicht

Wegbeschreibung:

1. Geben Sie alle Zutaten in die kleine Schüssel und mischen Sie sie, bis sie sich gut verbinden.
2. Besprühen Sie das Waffeleisen mit Kochspray.
3. Teig in das heiße Waffeleisen gießen und goldbraun backen.
4. Servieren und genießen.

Ernährung: Kalorien: 278,5 kcal, Kohlenhydrate: 38,72 g, Eiweiß: 1,3 g,

Natrium: 76,33 mg, Kalium: 229,1 mg, Phosphor: 59,2 mg, Ballaststoffe: 7,4 g, Fett: 6 g,

44. Erntedank Keto Chaffles

Zubereitungszeit: 10 Minuten

Kochzeit: 15 Minuten

Portionen: 2

Zutaten:

- 4 oz. Käse, geraspelt
- 5 Eier
- 1 Teelöffel Stevia
- 1 Teelöffel Backpulver
- 2 Teelöffel Vanilleextrakt
- 1/4 Tasse Mandelbutter, geschmolzen
- 3 Esslöffel Mandelmilch
- 1 Teelöffel Avocadoöl zum Einfetten

Wegbeschreibung:

1. Eier in eine kleine Rührschüssel aufschlagen; Eier, Mandelmehl, Stevia und Backpulver mischen.
2. Fügen Sie die geschmolzene Butter langsam zur Mehlmischung hinzu, mischen Sie gut, um eine glatte Konsistenz zu gewährleisten.
3. Fügen Sie die Mandelmilch und die Vanille zur Mehl-Butter-Mischung hinzu, achten Sie darauf, dass Sie gut mischen.
4. Heizen Sie das Waffeleisen nach Herstellerangaben vor und fetten Sie es mit Avocadoöl ein.

5. Gießen Sie die Mischung in das Waffeleisen und backen Sie sie, bis sie goldbraun ist.
6. Kokosnussmehl auf die Chaffeln stäuben und mit Kokosnusscreme als Topping servieren.

Ernährung: Kalorien: 165 kcal, Kohlenhydrate: 3,8 g, Eiweiß: 9,2 g, Natrium: 797 mg, Kalium: 193 mg, Phosphor: 202,5 mg, Ballaststoffe: 0,7 g, Fett: 15,22 g,

45. Knoblauch-Blumenkohl-Haferflocken

Zubereitungszeit: 10 Minuten

Kochzeit: 8 Minuten

Portionen: 2

Zutaten:

- 1 Ei, verquirlt
- 1 Tasse Blumenkohlreis
- ½ Tasse Cheddar-Käse, geraspelt
- 1 Teelöffel Knoblauchpulver

Wegbeschreibung:

1. Schließen Sie Ihr Waffeleisen an.
2. Mischen Sie alle Zutaten in einer Schüssel.
3. Übertragen Sie die Hälfte der Mischung in das Waffeleisen.
4. Schließen Sie das Gerät und kochen Sie einige Minuten lang.
5. Legen Sie das Häckselgut zum Abkühlen für 2 Minuten auf einen Teller.
6. Wiederholen Sie den Vorgang, um das nächste Häckselgut herzustellen.

Ernährung: Kalorien 212, Gesamtfett 3,8 g, gesättigtes Fett 0,7 g, Cholesterin 29 mg, Natrium 329 mg, Kohlenhydrate 29 g, Ballaststoffe 1,4 g, Zucker 0,9 g, Eiweiß 14,9 g, Calcium 37 mg, Phosphor 361 mg, Kalium 171 mg

46. Schnell & einfach Blaubeer-Haferflocken

Zubereitungszeit: 10 Minuten

Kochzeit: 15 Minuten

Portionen: 2

Zutaten:

- 1 Ei, leicht verquirlt
- 1/4 Tasse Heidelbeeren
- 1/2 Teelöffel Vanille
- 1 Unze Frischkäse
- 1/4 Teelöffel Backpulver, glutenfrei
- 4 Teelöffel Swerve
- 1 Esslöffel Kokosnussmehl

Wegbeschreibung:

1. Heizen Sie Ihr Waffeleisen vor.
2. Mischen Sie in einer kleinen Schüssel Kokosnussmehl, Backpulver und Swerve, bis alles gut vermischt ist.
3. Vanille, Frischkäse, Ei und Vanille hinzufügen und mit dem Schneebesen verrühren.
4. Besprühen Sie das Waffeleisen mit Kochspray.
5. Die Hälfte des Teigs in das heiße Waffeleisen gießen und mit 4 Blaubeeren belegen und 4-5 Minuten goldbraun backen. Den Vorgang mit dem restlichen Teig wiederholen.

6. Servieren und genießen.

Ernährung: Kalorien 366, Gesamtfett 26,4 g, gesättigtes Fett 15,1 g, Cholesterin 208 mg, Natrium 436 mg, Kohlenhydrate 15,2 g, Ballaststoffe 0,9 g, Zucker 2,1 g, Eiweiß 17,5 g, Calcium 378 mg,

47. Taco Chaffle

Zubereitungszeit: 8 Minuten

Kochzeit: 20 Minuten

Portionen: 2

Zutaten:

- 1 Esslöffel Olivenöl
- 1 lb. Rinderhackfleisch
- 1 Teelöffel gemahlener Kreuzkümmel
- 1 Teelöffel Chilipulver
- ¼ Teelöffel Zwiebelpulver
- ½ Teelöffel Knoblauchpulver
- Salz nach Geschmack
- 4 Grundhäcksel
- 1 Tasse Weißkohl, gehackt
- 4 Esslöffel Salsa (zuckerfrei)

Wegbeschreibung:

1. Geben Sie das Olivenöl bei mittlerer Hitze in eine Pfanne.
2. Fügen Sie das Rinderhackfleisch hinzu.
3. Würzen Sie mit dem Salz und den Gewürzen.
4. Kochen, bis sie braun und krümelig sind.
5. Falten Sie das Häckselgut, so dass eine "Taco-Schale" entsteht.

6. Füllen Sie jeden Chaffel-Taco mit Kohl.
7. Mit dem Hackfleisch und der Salsa belegen.

Ernährung: Kalorien: 87 Fett: g Kohlenhydrate: 22g Phosphor: 28mg Kalium: 192mg Natrium: 3mg Eiweiß: 0,7g

48. Weihnachtsmorgen-Schoko-Kaffeekuchen

Zubereitungszeit: 5 Minuten

Kochzeit: 5 Minuten

Portionen: 8

Zutaten:

- 8 Keto Schokolade Quadrat Chaffles
- 2 Tassen Erdnussbutter
- 16 oz. Himbeeren

Wegbeschreibung:

1. Setzen Sie die Waffeln schichtweise zusammen.
2. Verteilen Sie Erdnussbutter in jeder Schicht.
3. Mit Himbeeren belegen.
4. Genießen Sie Kuchen am Weihnachtsmorgen mit Keto-Kaffee!

Ernährung: Eiweiß: 3% 1Kcal Fett: 94% 207 Kcal Kohlenhydrate: 3% 15 Kcal

49. Lt. Chaffle Sandwich

Zubereitungszeit: 10 Minuten

Kochzeit: 15 Minuten

Portionen: 2

Zutaten:

- Kochspray
- 4 Scheiben Speck
- 1 Esslöffel Mayonnaise
- 4 Grundhäcksel
- 2 Kopfsalatblätter
- 2 Tomatenscheiben

Wegbeschreibung:

1. Beschichten Sie Ihre Pfanne mit Folie und stellen Sie sie auf mittlere Hitze.
2. Braten Sie den Speck, bis er golden und knusprig ist.
3. Verteilen Sie die Mayo auf der Oberseite des Häckselguts.
4. Mit dem Salat, dem Speck und der Tomate belegen.
5. Mit einem weiteren Häcksel belegen.

Ernährung: Kalorien: 231 Fett: 4g Kohlenhydrate: 43g Phosphor: 165mg Kalium: 370mg Natrium: 135mg

50. Mozzarella-Erdnussbutter-Häffelchen

Zubereitungszeit: 10 Minuten

Kochzeit: 15 Minuten

Portionen: 2

Zutaten:

- 1 Ei, leicht verquirlt
- 2 Esslöffel Erdnussbutter
- 2 Esslöffel Swerve
- 1/2 Tasse Mozzarella-Käse, zerkleinert

Wegbeschreibung:

1. Heizen Sie Ihr Waffeleisen vor.
2. Mischen Sie in einer Schüssel Ei, Käse, Swerve und Erdnussbutter, bis sie gut miteinander verbunden sind.
3. Besprühen Sie das Waffeleisen mit Kochspray.
4. Gießen Sie die Hälfte des Teigs in das heiße Waffeleisen und backen Sie ihn minutenlang oder bis er goldbraun ist. Wiederholen Sie den Vorgang mit dem restlichen Teig.
5. Servieren und genießen.

Ernährung: Kalorien: 84 Fett: 5g Kohlenhydrate: 3g Phosphor: 110mg Kalium: 117mg Natrium: 75mg Eiweiß: 7g

SCHLUSSFOLGERUNG

Tielen Dank, dass Sie dieses Buch gekauft haben.

Zum Schluss möchte ich noch einige grundlegende Kenntnisse über die ketogene Diät vermitteln.

Die Keto-Diät ist eine Diät, bei der Sie Lebensmittel essen, die viel Fett und wenig Kohlenhydrate enthalten.

Um die Ketose zu erreichen, muss Ihr Körper Ketone als Brennstoff verwenden und nicht Glukose.

Ihre Leber bildet Ketone, wenn sie Fette abbaut (auch bekannt als Lipolyse).

Die Kombination aus ketogener Diät und Bewegung kann zu einem signifikanten Gewichtsverlust ohne Hungern, einer verbesserten Insulinempfindlichkeit und einem stabileren Blutzuckerspiegel führen. Weitere Vorteile dieser Diät sind:

1. Reduzierung von Angstzuständen und Depressionen.
2. Verbesserte Kognition und Gedächtnis.
3. Senkt den Blutdruck (gut für diejenigen, die unter Bluthochdruck leiden).
4. Einige Studien zeigen, dass die ketogene Diät sogar Herzkrankheiten rückgängig machen kann, bei der Behandlung von Typ-2-Diabetes und anderen Stoffwechselstörungen hilft, möglicherweise Krebs bekämpft, die Lebenserwartung erhöht, Entzündungen reduziert und vieles mehr!

Die ketogene Diät gibt es schon seit Jahrzehnten und wird von der medizinischen Gemeinschaft seit langem zur Behandlung bestimmter Erkrankungen eingesetzt. Allerdings ist die ketogene Diät nur die berüchtigte vor kurzem wegen, wie es in den Mainstream-Medien dargestellt wurde - Geschichten über die drastische Gewichtsabnahme einige Leute in einem sehr kurzen Zeitraum erlebt, ohne Kalorien zu zählen oder trainieren.

Es ist wichtig, dass Sie Ihre Pläne mit einem Arzt besprechen, bevor Sie eine Diät beginnen. Dies liegt daran, dass es einige Nebenwirkungen der ketogenen Diät gibt und Sie möglicherweise zusätzliche Ergänzungen einnehmen müssen.

Die Keto-Diät ist reich an Fett, mäßig an Eiweiß und arm an Kohlenhydraten.

Bei der Keto-Diät müssen Sie sich mehr auf den Verzehr von gesunden Fetten (z. B. Avocados, Kokosnüsse, Nüsse und Samen) konzentrieren.

Essen Sie außerdem gesundes Eiweiß, das in Aminosäuren für den Brennstoff aufgespalten wird (z. B. Bio-Huhn, Pute oder Fisch).

Sie können Käse und andere Milchprodukte genießen, solange Sie die Vollfettversionen wählen, die weniger Laktose enthalten als ihre fettreduzierten Gegenstücke.

Wenn Sie versuchen, Muskelmasse zu gewinnen, achten Sie darauf, ausreichend Eiweiß zu sich zu nehmen (mindestens 0,8 Gramm/Pfund Körpergewicht pro Tag).

Hier sind einige Vorschläge für Ihre Reise mit der ketogenen Diät:

1. Halten Sie sich an eine Vollwertkost, ketogene Ernährung. Der einfachste Weg, die benötigten Güter zu erhalten, ist der Verzehr echter Lebensmittel.
2. Seien Sie auf ein Defizit an Ballaststoffen vorbereitet, aber keine Sorge! Das Gemüse in Ihrem Salat enthält reichlich Ballaststoffe, die Sie regelmäßig und glücklich machen werden.
3. Trinken Sie Wasser! Wasser hilft, eine gute Hydratation aufrechtzuerhalten und kann helfen, Ihre Ziele bei der Gewichtsabnahme zu erreichen.
4. Ruhen Sie sich aus, wenn Sie müde sind! Schlafentzug kann zu erhöhtem Hungergefühl führen und stört das Gleichgewicht der Hormone, die die Appetitkontrolle regulieren
5. Feiern Sie Ihre Erfolge! Nehmen Sie sich die Zeit, Ihren Gewichtsverlust anzuerkennen und zuzulassen, dass er sich real anfühlt. Erkennen Sie an, wie weit Sie in den letzten Wochen oder Monaten gekommen sind.
6. Setzen Sie sich Ziele! Ziele zu haben, wird Ihnen helfen, sich zu motivieren und Ihren Fortschritt zu verfolgen.
7. Haben Sie Spaß dabei! Dies ist ein Lebensstil, keine lästige Pflicht, also versuchen Sie, aufgeschlossen zu sein und Spaß daran zu haben!

Wir wünschen Ihnen viel Spaß mit diesem Buch und hoffen, dass Sie gesünder werden.

CPSIA information can be obtained
at www.ICGtesting.com
Printed in the USA
BVHW080943120521
607048BV00009B/2923

9 781802 93406